AF494061

CATALOGUE

DE BEAUX

TABLEAUX

DE

L'École Moderne

DONT LA VENTE AURA LIEU

HOTEL DROUOT

SALLE N° 5

Le Samedi 10 Avril 1869

A DEUX HEURES ET DEMIE

Par le ministère de Me **Charles OUDART**, Commissaire-Priseur,
boulevart des Italiens, 26,

Assisté de M. **Émile BARRE**, Expert, rue de la Chaussée-d'Antin, 20,

CHEZ LESQUELS SE DISTRIBUE LE PRÉSENT CATALOGUE.

EXPOSITIONS

PARTICULIÈRE : Le Jeudi 8 Avril 1869

PUBLIQUE : Le Vendredi 9 Avril 1869

DE UNE HEURE A CINQ HEURES

PARIS — 1869

CONDITIONS DE LA VENTE

Elle sera faite au comptant.

Les Acquéreurs paieront CINQ POUR CENT en sus des enchères.

L'Exposition mettant le public à même de se rendre compte de l'état des Tableaux, il ne sera admis aucune réclamation une fois l'adjudication prononcée.

DÉSIGNATION

DES

TABLEAUX

ACCARD

1 — Les derniers apprêts.

ALLAUX

2 — Entrée de Louis XIV à Valenciennes.

BAKALOWIEZ

3 — L'Aquarelle.

BAKALOWIEZ

4 — La Lettre.

BALLUE

5 — Scène orientale.

H. BARON

6 — L'Invitation à la danse.

E. DE BEAUMONT

7 — La Déclaration.

BELLANGÉ

8 — La Sortie de l'école.

Aquarelle.

BELLANGÉ

9 — Un Chasseur d'Afrique.

Dessin à la plume.

C. BLANC

10 — Le Fauconnier.

L. BOULANGÉ

11 — Intérieur de forêt.

BRASCASSAT

12 — Cheval bai à l'écurie.

BREST

13 — Vue d'Orient.

BREST

14 — Une Rue à Constantinople.

CHAPLIN

15 — Dessin à la sanguine.

CH. CHAPLIN

16 — Sujet pastoral.

CHARLET

17 — L'heureuse Nouvelle.

Aquarelle.

CIBOT

18 — La Halte dans la montagne.

COROT

19 — Le Pâturage.

COROT

20 — Paysage avec Figures et Animaux.

DESJOBERT

21 — Paysage d'Angleterre.

Aquarelle.

DEVEDEUX

22 — Le Nid d'oiseaux.

DEVEDEUX

23 — La jeune Mère.

COURBET

24 — Marine.

L. DAVID

25 — Le Marchand de bijoux.

Aquarelle.

E. DELACROIX

26 — Jeune Page tenant un cheval par la bride.

E. DELACROIX

27 — Cheval gris pommelé.

DESHAYES

28 — Le Pêcheur.

DIAZ

29 — Forêt de Fontainebleau.

DIAZ

30 — Conversation galante.

DIAZ

31 — Enfants et Chiens dans une forêt.

DIAZ

32 — Paysage avec chiens.

D'HAUNY

33 — Le Passage du ruisseau.

FAUVELET

34 — La Méditation.

FAUVELET

35 — Faisans sous bois.

ROBERT FLEURY

36 — La Sortie de l'office.

FICHEL

37 — La Marguerite.

A. GUIGNET

38 — La Prière des pèlerins.

HAGEMANN

39 — Chèvre broutant.

CH. HUE

40 — La Lettre de change.

E. ISABEY

41 — La Promenade au bord de la mer.

CH. JACQUE

42 — Le Labourage.

JONGKIND

43 — Vue de Hollande.

LINDER

44 — La Sortie de l'église.

MARCHAUX

45 — L'Innocence.

MOULINET

46 — La Rentrée de l'école.

MOORMANS

47 — Jeune Dame faisant de la tapisserie.

MONPEZAT

48 — Nature morte.

J.-B. MILLET

49 — Aquarelle.

MOREAU

50 — La Mère de famille.

J. NOEL

51 — Vue de Bretagne.

PATROIS

52 — Scène de corps de garde.

PÉCRUS

53 — La Jeune Mère.

PICOU

54 — L'Album.

A. ROZIER

55 — Vue de l'Église San-Grégorio, à Venise.

C. ROQUEPLAN

56 — Vue prise aux environs de Fontainebleau.

J. PELLETIER

57 — Bouquet de fleurs et fruits.

Pastel.

J. PELLETIER

58 — Nature morte.

J. ROSIER

59 — Les Bords de la Seine.

SCHELFOOT

60 — Canal glacé avec patineurs.

TOPFER

61 — Aquarelle.

TESSON

62 — Vue du passage de la rue du Diable, à Alger.

TESSON

63 — Sujet oriental.

Aquarelle.

TESSON

64 — Sujet oriental.

Aquarelle.

TESSON

65 — Vue de Calais.

Aquarelle.

TROYON

66 — Vache dans un paysage.

TROYON

67 — Les petits Pêcheurs.

VERLAT

68 — Jeune Dame lisant une lettre.

VÉRON

69 — Laveuses à Auny.

VERBŒCKOVEN

70 — Intérieur d'étable avec figures.

VEYRASSAT

71 — Le Repos des moissonneurs.

VEYRASSAT

72 — Intérieur de cour de ferme.

VEYRASSAT

73 — La Fontaine de Saint-Jean-de-Luz.

ZIEM

74 — Vue du palais des Doges et du campanile, à Venise.

Aquarelle.

ZIEM

78 — Vue du grand canal, à Venise.

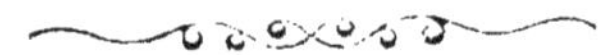

Renou et Maulde, Imprimeurs de la Compagnie des Commissaires-Priseurs,
rue de Rivoli, 144. 23768

www.ingramcontent.com/pod-product-compliance
Ingram Content Group UK Ltd.
Pitfield, Milton Keynes, MK11 3LW, UK
UKHW020539180726
13839UKWH00006B/2604